Schirner Verlag

ISBN 978-3-8434-1000-7

Susanne Hühn:
Du bist einzigartig!

Umschlag: Murat Karaçay, Schirner
Redaktion: Tamara Kuhn, Schirner
Satz: Markus Schirner
Abbildungen: siehe Anhang
Printed by: Interpress, Hungary

www.schirner.com

2. Auflage 2011

Susanne Hühn

Du bist einzigartig!

Schirner Verlag

Die Autorin

Susanne Hühn, Jahrgang 1965, ist ausgebildete Lebensberaterin, ganzheitliche Physiotherapeutin und Autorin. Seit mehr als 25 Jahren begleitet sie Menschen auf dem Weg zur Gesundung. Sie gibt Lebensberatung, Channelings sowie Meditationskurse für Erwachsene und Kinder. Mit dem Schreiben begann sie vor über 18 Jahren. Zuerst schrieb sie spirituelle Romane, dann begann sie, ihr Wissen in Selbsthilfebüchern und auf CDs zu vermitteln, die sie mittlerweile in großer Zahl veröffentlicht hat.

Weitere Informationen zur Autorin
finden Sie unter: www.susannehuehn.de

Das Buch

Jeder Mensch ist einzigartig. Jeder nimmt seinen ganz speziellen Platz auf der Erde ein und erfüllt seine besondere Seelenaufgabe. Auch du. Doch hast du dir schon einmal wirklich bewusst gemacht, was es bedeutet, einzigartig zu sein? Lasse es dir von Susanne Hühn in diesem Büchlein zeigen. Die liebevollen Botschaften und die wunderschöne Gestaltung werden dir die Augen für deine Einzigartigkeit öffnen. Genieße sie!

Gott wiederholt sich nicht,
er ist ein Schöpfer von
Unikaten – liebevoll formt
die göttliche Schöpfung
jede Seele einzigartig und
perfekt.

Es ist
dein Weg.
Nie wird ihn
jemand so
gehen, wie
du ihn gehst.

Du brauchst
niemandem zu gefallen
und es niemandem recht
zu machen, sondern
darfst ganz und gar sein,
wie du bist – du nimmst
so deinen besonderen
Platz auf der Erde ein
und machst es dem
Leben selbst recht.

Du bist einzigartig,
und nur du kannst
deine Seele auf der
Erde verkörpern.

Weil du weißt,
dass du einzigartig bist,
kannst du anerkennen,
dass jedes Lebewesen
dieses Planeten
einmalig und
wertvoll ist –
genau wie du.
In dir wachsen
Respekt und
Achtsamkeit für die
ganze Schöpfung,
weil du deine eigene
unverwechselbare
Schönheit und
Kostbarkeit erkennst.

Höre auf, nach
dem richtigen
Weg zu suchen.
Dein Weg ist
wie du
einzigartig,
und du ebnest
ihn dir jeden Tag
neu, indem du
deinem Herzen
folgst.

Wenn du Ja sagst zu deiner Einzigartigkeit, dann erkennst du, wie schwer du dir das Leben bisher damit gemacht hast, dich nicht gut genug zu fühlen – und kannst damit aufhören.

Je bewusster
dir deine
Einzigartigkeit
wird, desto
freier wirst du
auch, deine
Grenzen
anzuerkennen
und zu zeigen.

Deine Art,
die Energien zu spüren
und zu nutzen, kann nur
durch dich auf der Erde
wirksam werden.

Wenn du Ja sagst
zu deiner Einzigartigkeit,
dann kannst du deinen
Weg voller Selbstvertrauen
gehen.

Du darfst aufhören,
dich mit anderen
zu vergleichen,
denn du bist
unvergleichlich.

Wenn du Ja sagst
zu deiner
Einzigartigkeit,
dann fühlst du Freude
und Ermutigung.

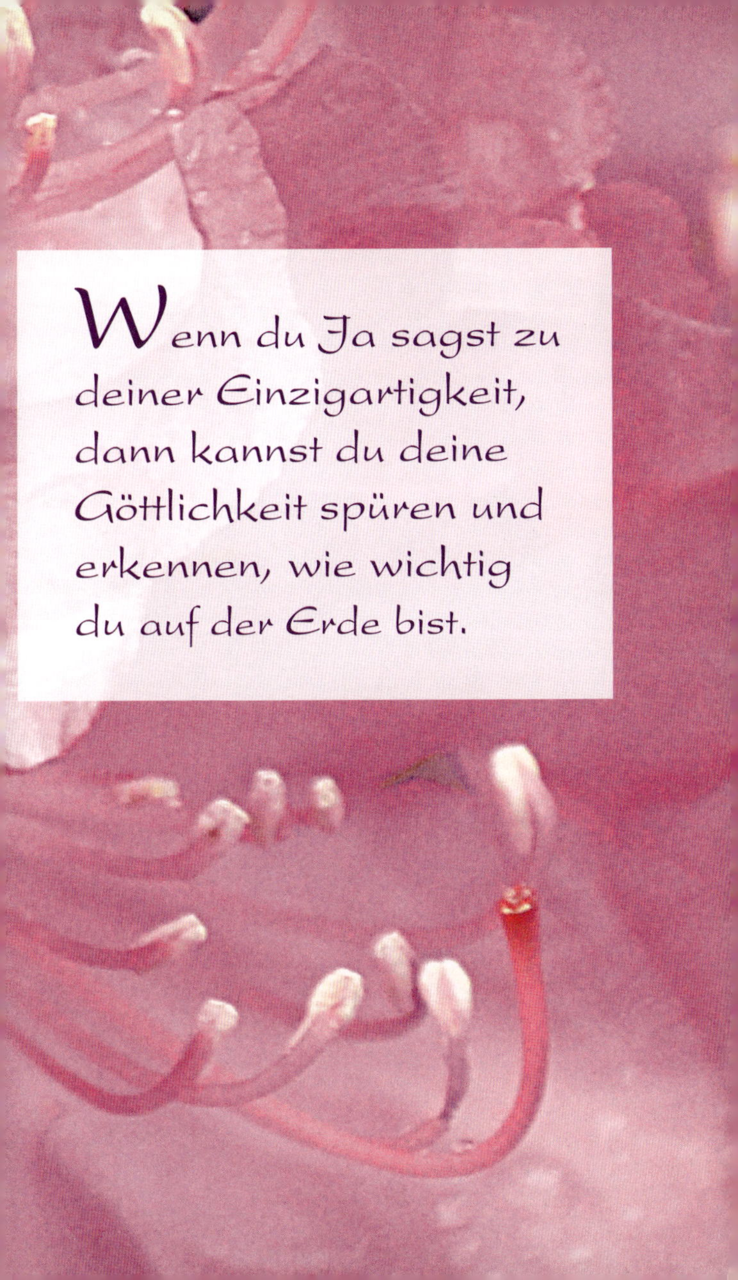

Wenn du Ja sagst zu deiner Einzigartigkeit, dann kannst du deine Göttlichkeit spüren und erkennen, wie wichtig du auf der Erde bist.

Du bist einzigartig
– das bedeutet, das
Leben wollte dich
genau so haben,
wie du bist,
und es braucht
dich in deiner
wahren Kraft und
Gestalt, damit du
deinen Platz in
der Schöpfung
einnehmen und
ausfüllen kannst.
Höre also auf, es
anderen recht zu
machen – sie gehen
nicht deinen Weg
und wissen nicht,
an welchem Platz
die Schöpfung dich
dringend benötigt.

Du bist unersetzlich
und äußerst wichtig für
alles, was du berührst,
denn dich und deine
besondere Energie
gibt es nur dieses
eine Mal.

Du bringst einen
neuen Impuls
in diese Welt,
weil du da bist.
Es gibt nichts
dafür zu tun.
Du bist da,
das genügt.

Das Leben
braucht dich,
es will sich
durch dich
entfalten,
durch dich
blühen und
durch dich
weiter fließen.

Wenn dir bewusst wird, dass du einzigartig bist, dann wächst deine Lust, dein Leben voller Schöpferkraft und Mut zu leben.

Wenn du weißt, dass du einzigartig bist, fühlt sich dein inneres Kind endlich gesehen und geliebt – denn dein inneres Kind weiß um deine Einzigartigkeit!

Deine
Gefühle
und deine
Gedanken
sind immer
richtig.

Du allein weißt,
was du wirklich
brauchst, um
dich vollständig
und genährt zu
fühlen, egal was
andere dazu
sagen.

Je bewusster dir deine Einzigartigkeit ist, desto deutlicher erkennst du, was dich nährt, was dich glücklich macht, was dir Kraft gibt und was dich trägt. Und weil du immer besser weißt, was du brauchst und willst, fällt es dir leicht, dafür zu sorgen, dass du es dir auch gibst.

Wenn du
weißt, dass du
einzigartig bist,
dann weißt du,
dass du göttlich
geführt wirst.

Dein Weg zum Erfolg
ist einzigartig und zeigt
sich, wenn du deinem
Herzen folgst – leicht
kannst du dann alles
loslassen, was für
dich nicht passt, und
dir selbst und deinen
Eingebungen und
Ideen vertrauen.

Nur du allein
darfst und kannst
entscheiden, auf
welche Weise du
deine Gaben und
Talente in die Tat
umsetzen willst.
Dein Herz erkennt
die besonderen
Gelegenheiten,
die das Leben dir,
und nur dir, mit auf
den Weg gibt. Du
darfst sie nutzen.
Sie gehören dir.

Dein Leben, deine Art, die Dinge zu tun, deine Freude und das, was dich berührt, sind ein wesentlicher Anteil der gesamten Schöpfung. So singe dein Lied, tanze deinen Tanz – wenn du es nicht tust, dann bleibt dieses Lied ungesungen, dieser Tanz ungetanzt, und das wäre ein immenser Verlust.

Je bewusster dir deine Einzigartigkeit wird, desto befreiter wirst du von Scham. Du erkennst, dass du sein darfst, wie du bist, und dass deine Art, die Dinge zu tun, zu fühlen und wahrzunehmen, richtig, gut und erwünscht ist.

Du bringst einen
ganz besonderen
männlichen und einen
ganz besonderen
weiblichen Aspekt
zur Erde – ohne
dich würden diese
Aspekte fehlen, und
die Schöpfung wäre
unvollständig.

Nur du allein weißt in der Tiefe deines Herzens, was für dich wirklich richtig und gut ist, und nur du hast die Verantwortung für dein Leben – so darfst auch du ganz allein entscheiden, welchen Weg du gehst, in jeder Minute und in jeder Situation.

Deine Art, dich der Welt zu zeigen, gehört nur dir und ist unverwechselbar, so, wie jede Blüte oder jede Schneeflocke einzigartig ist.

Verwirf alles,
was du über
dich glaubst,
und beginne
neu – in dem
Wissen, dass du
wundervoll und
einmalig bist.

Habe den Mut, auf
dein Herz zu hören
– es ruft dich genau
dorthin, wo das
Leben dich braucht.

Nur du kannst
deinen Platz
auf der Erde
einnehmen und ihn
ausfüllen – wenn
du es nicht tust,
dann bleibt er leer!

Wenn du Ja zu dir selbst und deinem einmaligen Lebensweg sagst, dann kommst du in Frieden mit dir und deinen Erfahrungen.

Manchmal mag es für dich ein wenig unbequem oder furchterregend sein, zu wissen, dass du einzigartig bist, denn dadurch bist du dazu aufgerufen, jeden Tag neu für dich selbst zu entscheiden. Doch du spürst deine innere Führung, die dich stabil und sicher leitet, und du weißt, du kannst ihr vertrauen.

Weil du weißt, dass du einzigartig und allein für dein Leben verantwortlich bist, fällt es dir leicht, ganz selbstverständlich zu tun, was du tun willst, zu sagen, was du zu sagen hast, und zu schweigen, wenn du nichts beitragen kannst und willst – und dich damit zu zeigen, denn du weißt, das ist einfach deine Energie, das bist du.

Du hast die Freiheit, ganz und gar zu sein, wie du bist.

Auch deine Entscheidungen gehören ganz und gar dir – du bist verantwortlich dafür, wie du dein Leben gestaltest – und gerade deshalb darfst du dich auch jederzeit anders entscheiden.

Du darfst deinen
Wahrnehmungen
vertrauen, egal
was andere sagen.

Je bewusster dir deine Einzigartigkeit wird, desto deutlicher spürst du dich selbst, desto klarer kannst du sagen, was du brauchst.

Es sind dein Lachen,
deine Trauer,
dein Schmerz und
dein Glück, die in der
Summe einzigartig sind.

Dein Ja zu dir selbst öffnet
dir Türen zu Gelegenheiten,
die dir das Leben schenken
will – du darfst sie nutzen,
weil sie zu
deinem Weg
gehören.

Weil du weißt, dass es dich nur einmal gibt, spürst du die Verantwortung, dein Leben wahrhaftig und voller Mut zu leben – und du nimmst diese Verantwortung gerne an!

Jede Minute deines Lebens gehört dir. Sei dir dessen bewusst. Dein Rhythmus ist immer richtig, und du darfst die Dinge in deiner Zeit erleben und fühlen – besonders aber in deiner Zeit entscheiden.

Nur du kannst deine eigene Energie zum Ausdruck bringen, dafür sorgen, dass sie wirksam und sichtbar wird – jubelnd und dankbar tanzt dein inneres Kind, wenn es gesehen wird und sich frei und offen zeigen darf.

Es fühlt sich gut an zu wissen, dass du einzigartig bist, denn das gibt dir die Freiheit, dich selbst willkommen zu heißen, so, wie du bist. Gerade weil du weißt, dass du richtig bist, wie du bist, kannst du leicht und frei zum bestmöglichen Ausdruck deiner selbst werden.

Alles an dir ist richtig und gut, alles an dir ist, wie es sein soll – so, wie Gott dich gemeint hat, als er dich schuf.

Darum sei ganz und gar du selbst, zeige dich mit allem, was ist, dann erfüllst du deine Bestimmung auf Erden.

Je bewusster dir deine Einzigartigkeit wird, desto mehr erkennst du, dass vieles von dem, was für andere stimmig ist, auf dich nicht zutrifft – du erkennst, dass du dir deinen eigenen Weg suchen darfst, unabhängig von dem, was andere für dich für richtig halten. Weißt du, dass du damit jedem Mut machst, dies auch für sich selbst zu tun?

Je bewusster dir deine Einzigartigkeit wird, desto freier kannst du das Leben genießen und tun, was du tun willst – zum Beispiel den Sonnenuntergang anschauen und dich von der Schönheit der Natur berühren lassen, denn du weißt: Indem du dich selbst achtest, achtest du die Schöpfung.

Weil du weißt, wie wundervoll und einzigartig du bist, erinnerst du auch andere voller Liebe daran, dass sie ihr eigenes Licht erstrahlen lassen können.

Weil du deine Einzigartigkeit erkennst, weißt du, dass deine Talente, deine Fähigkeiten und deine Kraft deinen Wirkungsraum neu erschaffen, wenn du dich auf das besinnst, was du wirklich kannst, weißt und geben willst.

Nur du liebst all das, was du liebst, in dieser Kombination.

Du darfst dir selbst vertrauen, denn deine innere Stimme zeigt dir deinen einzigartigen Weg. Nur du gehst ihn, und deshalb weißt auch nur du, wie er sich anfühlt.

Weil du
weißt, dass du
unverwechselbar
und einzigartig
bist, brauchst du
dich selbst nie
wieder infrage zu
stellen, denn alle
Meinungen darüber,
wie du zu sein hast,
stimmen nicht. Du
bist, wie du bist, und
darfst dich jeden
Tag neu erkennen,
darfst jeden Tag neu
gestalten und das,
was du deinen Alltag
nennst, als dein
Leben erkennen.

Wenn du deine
Einzigartigkeit
anerkennst und ernst
nimmst, dann spürst
du die Verantwortung,
die du deiner eigenen
Seele und deinem
Weg gegenüber hast,
und du bekommst die
Freiheit, das zu tun,
was für dich richtig ist.

Dein Blick für die Schönheit und Einzigartigkeit anderer, besonders aber des Augenblickes, öffnet sich – du kommst mehr und mehr in der Gegenwart an und nimmst ihn bewusst in dich auf.

Nur du kannst auf diese
ganz besondere Weise
»Ich liebe dich« sagen.

Wenn du deine ganz
besondere Kraft und
Stärke spürst, dann
fällt es dir leicht,
nachsichtig,
mitfühlend und
rücksichtsvoll zu sein.

Weil du weißt, dass du einzigartig bist, kannst du mehr und mehr die Kontrolle über dich selbst, über deine Gedanken und Gefühle loslassen – denn du erkennst sie als individuellen, einzigartigen Ausdruck deiner Energie an!

Weil du deine Einzigartigkeit anerkennst, weißt du, dass du dich und deine Energie schützen darfst – denn du hütest und nährst ein einmaliges Gottesgeschenk.

Nur du kannst entscheiden und wissen, was du in welcher Zeit tun willst, wann deine Zeit zum Arbeiten, zum Ruhen, zum Lieben oder zum Tanzen ist.

Wenn du Ja sagst zu deiner Einzigartigkeit, dann weißt du, dass jeder, der dich liebt, auch wirklich dich meint – du brauchst dich nicht zu vergleichen oder klein zu fühlen, denn du bist einfach du.

Nur du allein weißt, was dich nährt und was dich heilt – und weil du ein geliebter Teil der Schöpfung bist, stellt dir das

Leben alles, was du brauchst, um in deiner Kraft zu sein, auch zur Verfügung – öffne deine Augen und dein Herz, und nimm die Gelegenheiten an. Das Leben meint dich!

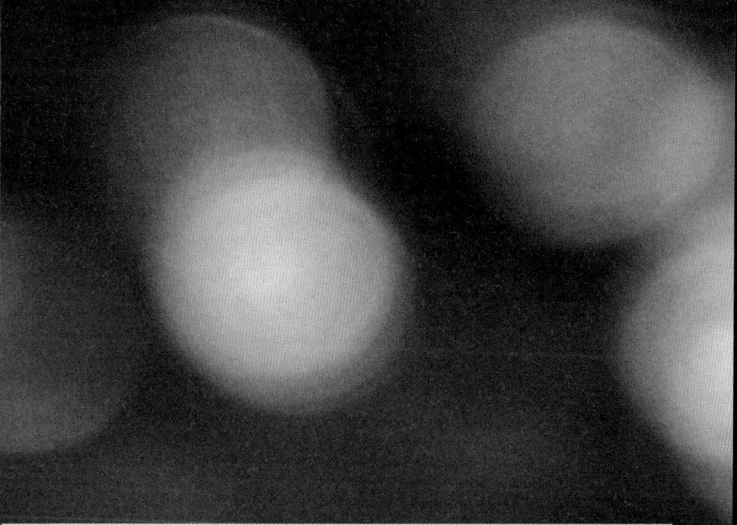

Wie du einzigartig bist,
so ist auch dieser Moment
einzigartig. Jede Sekunde
bietet dir die Chance, neue
Entscheidungen zu treffen
und noch mehr von deinem
Licht zu verkörpern –
JETZT.

Nutze deine Chancen, nutze deine Gaben und Talente, nutze dein Leben, wie es dir gefällt – Leben ist Tat, ist Gefühl, ist SEiN. Du bist einzigartig, und so ist auch die Weise, wie du deine Energie nutzt, einzigartig. Dafür, DASS du sie nutzt, bist aber du verantwortlich.

Nur du weißt, wann die Zeit gekommen ist, deinen nächsten Schritt zu gehen, und nur du weißt, wie er aussieht – dein Herz weiß es genau.

Das Leben unterscheidet nicht
zwischen Gut oder Böse,
Schön oder Weniger-Schön
– es ist, einfach so, wie du
bist, wenn du dich und deine
Einzigartigkeit anerkennst und
dies in deinen Handlungen
sichtbar werden lässt.

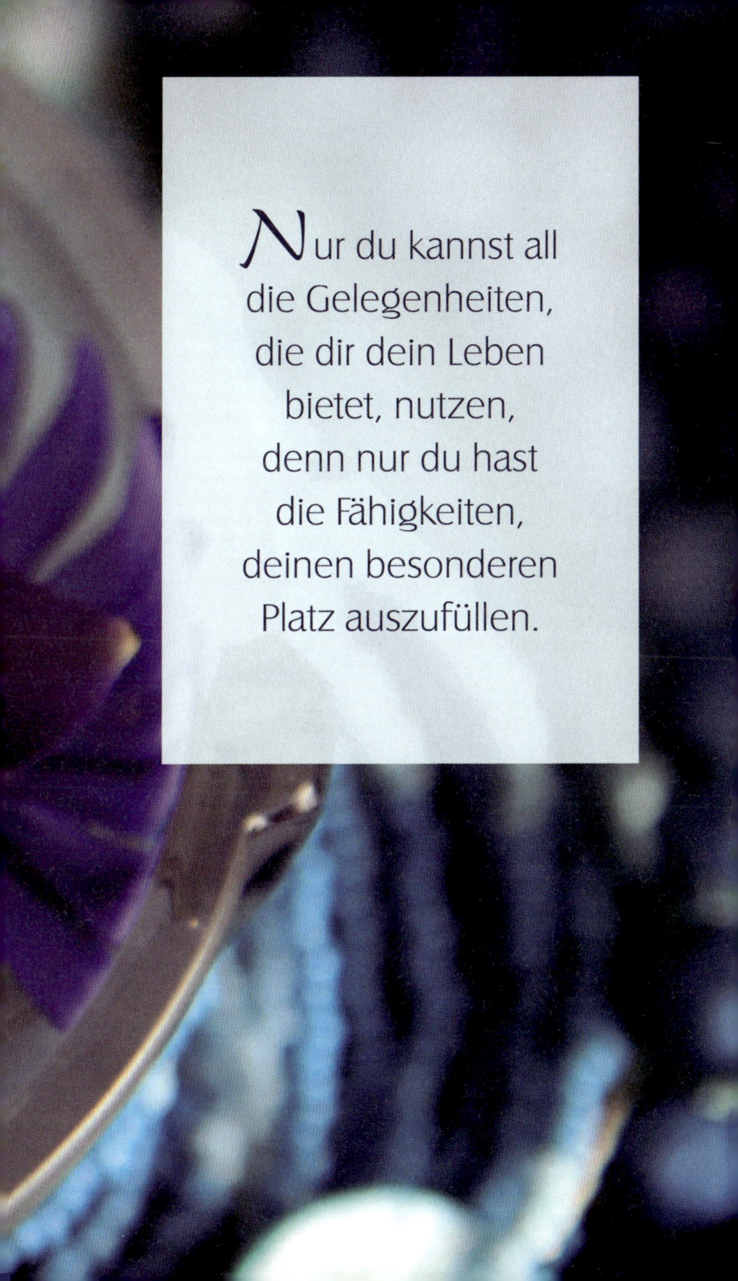

Nur du kannst all
die Gelegenheiten,
die dir dein Leben
bietet, nutzen,
denn nur du hast
die Fähigkeiten,
deinen besonderen
Platz auszufüllen.

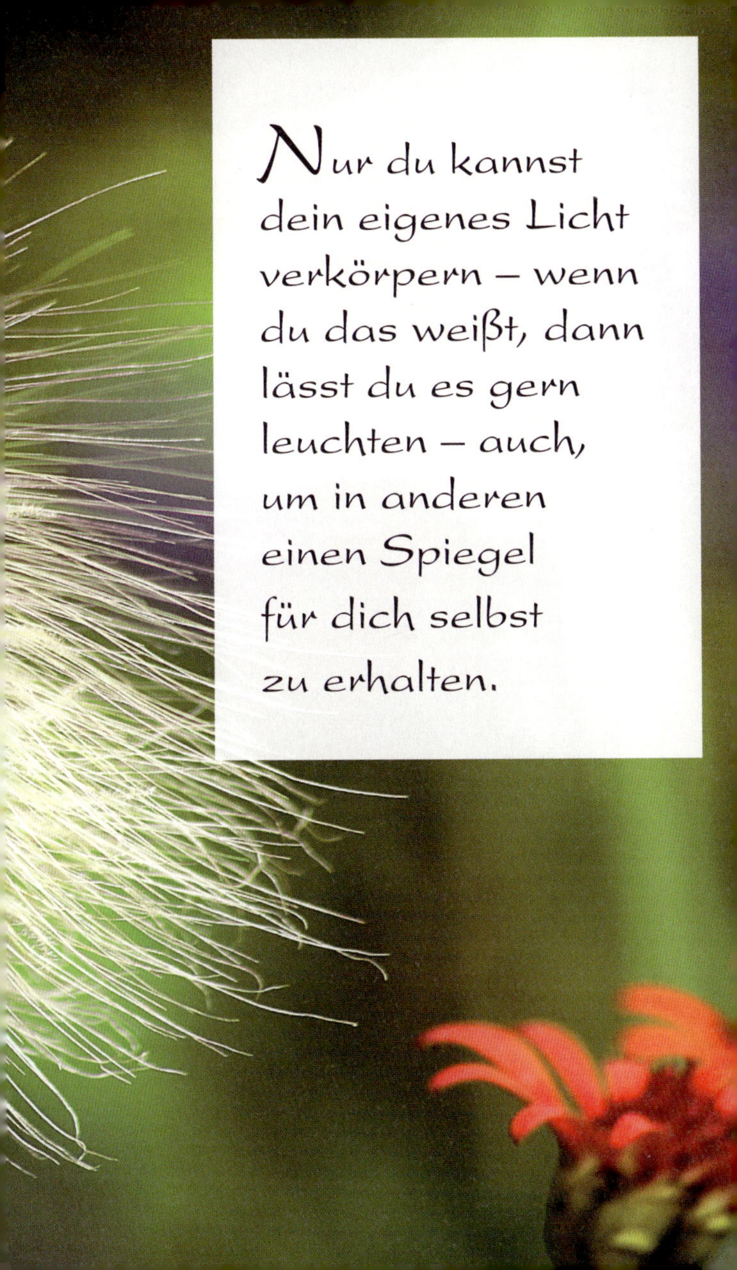

Nur du kannst
dein eigenes Licht
verkörpern – wenn
du das weißt, dann
lässt du es gern
leuchten – auch,
um in anderen
einen Spiegel
für dich selbst
zu erhalten.

Je bewusster dir
deine Einzigartigkeit
wird, desto wichtiger
wird es dir auch,
zu sagen,
was du wirklich fühlst,
dich mit dem zu zeigen,
was du wirklich willst,
und dein Ja,
aber auch dein Nein
auszusprechen.

Auch dein
Weg der Heilung
ist einmalig, und niemand
kennt ihn besser als du
– so folge auch in deiner
Heilung dem Weg,
den du für dich
als richtig erkennst.

Du bist einzigartig
– du brauchst dich
nicht anzustrengen,
um originell zu sein.
Du bist ein Original,
egal was du tust.

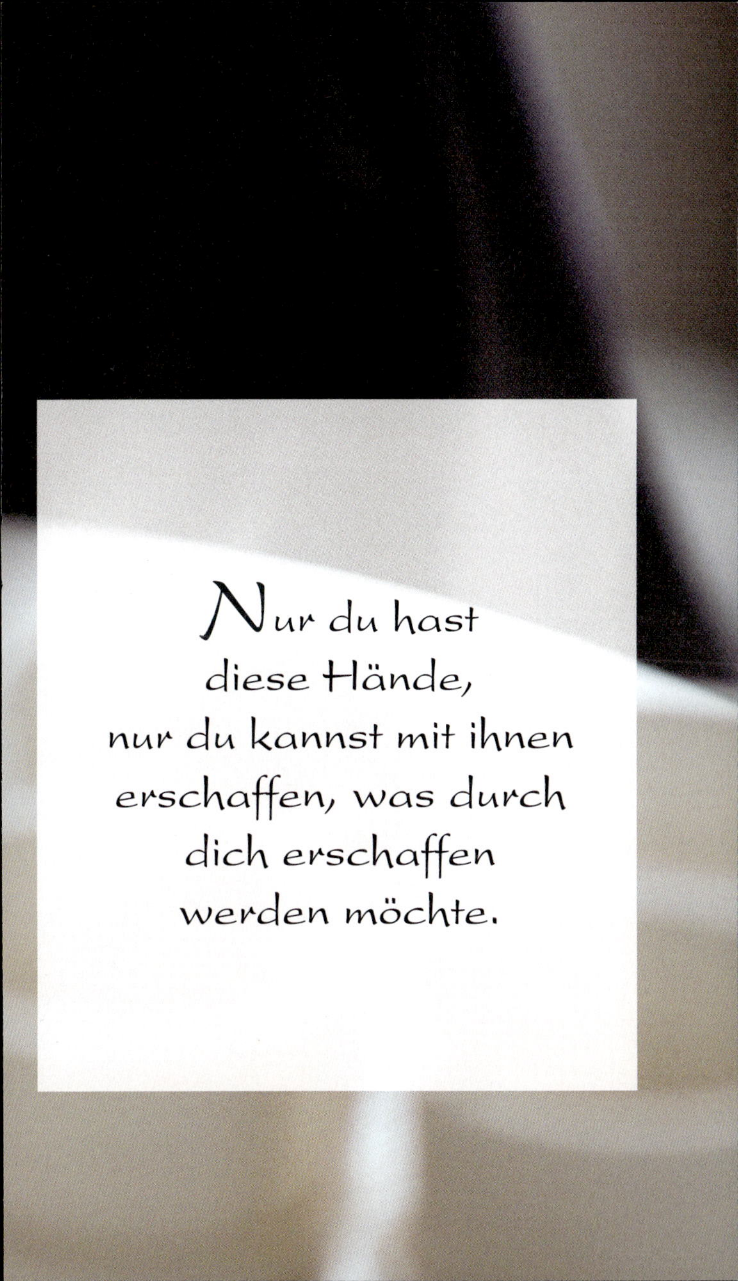

Nur du hast
diese Hände,
nur du kannst mit ihnen
erschaffen, was durch
dich erschaffen
werden möchte.

Hege und pflege deine Träume! Deine Träume sind einzigartig und können nur durch dich verwirklicht werden – selbst wenn ein anderer den gleichen Traum zu haben scheint, so hat seiner doch eine andere Energie und damit einen anderen Ausdruck!

Weil jedes Lebewesen und jedes Leben einzigartig ist, ist auch die Dauer jedes Lebensweges einzigartig, und wir wissen nicht, was für jede Seele richtig ist. Es mag aussehen, als würde jemand aus der Blüte des Lebens gerissen werden, aber auch das gehört zu einem einzigartigen Lebensweg – auch das ist eine Erfahrung, die eine Seele wählen kann und darf …

Deine Bestimmung hat keine Berufsbezeichnung – deine Bestimmung zeigt sich in der Art, wie du die Dinge tust, mit welcher Energie du anwesend bist. Tue sie auf deine Art, und du lebst deine Bestimmung.

Je bewusster dir deine Unverwechselbarkeit wird, desto klarer weißt du, was du willst, und kannst dein Leben immer wieder neu ausrichten.

Tanze deinen besonderen Tanz mit dem Leben, singe dein Lied, träume deine Träume, und tue, was für dich wesentlich ist.

Bildnachweis

Cover, Seite 2/3 und Seite 4/5 panthermedia_03011667/© TongRoASIA L. · Seite 6/7, Seite 8/9, Seite 10/11 und Seite 12/13 © Markus Schirner · Seite 14/15 Fotolia_697232/© Tomislav Saic · Seite 16/17, Seite 18/19, Seite 20/21, Seite 22/23, Seite 24/25, Seite 26/27, Seite 28/29 und Seite 30/31 © Markus Schirner · Seite 32/33 Fotolia_4864754/© martintu · Seite 34/35 Fotolia_6967646/© Tatiana Belova · Seite 36/37 Fotolia_6319423/© lina kro · Seite 38/39, Seite 40/41 und Seite 42/43 © Markus Schirner · Seite 44/45 Fotolia_8085217/© razorconcept · Seite 46/47, Seite 48/49, Seite 50/51, Seite 52/53, Seite 54/55, Seite 56/57, Seite 58/59, Seite 60/61, Seite 62/63, Seite 64/65, Seite 66/67, Seite 68/69, Seite 70/71, Seite 72/73, Seite 74/75, Seite 76/77, Seite 78/79, Seite 80/81, Seite 82/83, Seite 84/85 und Seite 86/87 © Markus Schirner · Seite 88/89 panthermedia_02825073/© TongRoASIA L. · Seite 90/91, Seite 92/93, Seite 94/95, Seite 96/97, Seite 98/99, Seite 100/101, Seite 102/103, Seite 104/105 und Seite 106/107 © Markus Schirner · Seite 108/109 Fotolia_7178480/© Liv Friis-larsen · Seite 110/111 © Markus Schirner · Seite 112/113 Fotolia_11628469/© Fotolyse · Seite 114/115 Fotolia_16981173/© kelly marken · Seite 116/117 © Markus Schirner · Seite 118/119 Fotolia_18007681/© l-pics · Seite 120/121 Fotolia_22765776/© Jeanette Dietl · Seite 122/123 Fotolia_23434275/© petrabarz · Seite 124/125 Fotolia_22291978/© Jeanette Dietl · Seite 126/127 © Markus Schirner · Seite 128/129 Fotolia_23163461/© Robert Mertl · Seite 130/131 Fotolia_7909288/© imaginando · Seite 132/133 © Markus Schirner · Seite 134/135 Fotolia_1895191/© Akio Koizumi · Seite 136/137 Fotolia_4993099/© Drozdi · Seite 138/139 Fotolia_14167476/© by-studio · Seite 140/141 Fotolia_4443696/© Christian Jung · Seite 142/143 Fotolia_11585388/© Claudia Paulussen · Seite 144 panthermedia_03011667/© TongRoASIA L.